Gender & Islam in Deutschland

Baustein 2

Sanem Kleff, geb. 1955 in Ankara, ist Leiterin von *Schule ohne Rassismus - Schule mit Courage*. Sie arbeitete 25 Jahre lang als Lehrerin und Fortbildnerin in Berlin.

Eberhard Seidel, geb. 1955 nahe Würzburg, ist Geschäftsführer von *Schule ohne Rassismus – Schule mit Courage*. Er publiziert zu Rechtsextremismus, Islamismus und Migration.

Prof. Dr. Ahmet Toprak, geb. 1970 in Kayseri, ist Professor für Erziehungswissenschaften an der Fachhochschule Dortmund mit den Schwerpunkten Gender und interkulturelles Konfliktmanagement.

~

In der Publikationsreihe *Bausteine* werden von WissenschaftlerInnen, PädagogInnen und Publizisten pädagogische und gesellschaftspolitische Aspekte der Frage diskutiert, wie eine dem Schutz der Würde aller Menschen verpflichtete Schule verwirklicht werden kann.

Impressum

Erscheinungsjahr 2016, 2. Auflage 2018

Herausgegeben durch die Bundeskoordination
Schule ohne Rassismus – Schule mit Courage,
in der Trägerschaft des Aktion Courage e.V.

ISBN 978-3-933247-66-7

Inhalt

Sanem Kleff und Eberhard Seidel

1. Geschlechterrollen und Migration

Noch vor hundert Jahren war die Frau in Deutschland weitgehend dem Mann unterworfen. Heute sind Frauen nicht nur besser gebildet als Männer, sie ergreifen auch zunehmend die Macht – als Chefin, Professorin, Moderatorin oder als Bundeskanzlerin. Kein Wunder, dass viele davon überzeugt sind: Deutschland ist ein modernes Land, eine Geschlechterdemokratie. Wenn die Gleichberechtigung der Frau hierzulande überhaupt noch in Frage gestellt wird, dann – so behaupten manche – durch MigrantInnen, die andere Geschlechterrollen als die Mehrheit leben und sich der Integration in ein emanzipiertes Deutschland verweigern. Variantenreich werden die immer selben Fragen gestellt: „Warum sind Frauen aus der Türkei so rückständig?" „Warum sind muslimische Männer so machohaft?" Und immer wieder lautet die Forderung: „Integriert euch!" „Werdet endlich wie wir!" Diese Forderung ist problematisch; sie konstruiert ein trennendes Ihr und Wir. Die offene Ablehnung und Abgrenzung gegenüber „den Anderen", „den Fremden" wird heute nicht mehr mit offen rassistischen Argumenten begründet, sondern mit Verweis auf die angebliche Rückständigkeit der Zugewanderten im Geschlechterverhältnis. Die Integrationsdebatte wird sexualisiert.

Die so Angesprochenen verstehen sehr gut: Sie sollen nicht „ehrenmorden", ihre Frauen gut behandeln und ihre Töchter nicht mit Zwang verheiraten. Viele können mit diesen Appellen allerdings nicht viel anfangen. Die meisten Migrantenfamilien standen solchen archaischen Traditionen bereits in ihren Herkunftsländern verständnislos gegenüber. Und nicht wenige MigrantInnen aus den rückständigsten Regionen Anatoliens, Siziliens, Russlands, des Balkans und Andalusiens haben genau aus diesen Gründen ihre Heimatdörfer verlassen.

Vielen Migranten und ihren Kindern wird zudem nicht so recht klar, was die Mehrheit wünscht. Denn schnell stellt sich heraus, dass der verheiratete Bäcker aus Brandenburg, der schwule, konfessionslose Banker aus Düsseldorf, der ledige, katholische Landwirt aus Niederbayern, die in zweiter Ehe lebende protestantische Rentnerin aus Leipzig und die alleinerziehende Mutter aus Berlin ganz Unterschiedliches meinen, wenn sie fordern: „Integriert euch!"

In heterogenen Gesellschaften prallen Ungleichzeitigkeiten und unterschiedliche moralische Standards und Sozialmilieus aufeinander. Stadt / Land, Nord / Süd, Ost / West, religiös / nichtreligiös, jung / alt, arm / reich, gebildet / ungebildet et cetera. Das ist nicht erst seit Beginn der Arbeitsmigration und der aktuellen Zuwanderung von Geflüchteten so. In mühsamen Prozessen musste und muss stets aufs Neue ausgehandelt werden, welche die gemeinsamen Umgangsformen, Rechtsnormen und Lebensstile sind.

Aushandlung moralischer Standards

Dass diese Klärungsprozesse sich über Jahrzehnte hinziehen können, zeigen nicht zuletzt die Debatten über das Recht auf

Schwangerschaftsabbruch, die Straffreiheit von Homosexualität, die rechtliche Anerkennung gleichgeschlechtlicher Partnerschaften, sexuelle Selbstbestimmung oder die Strafbarkeit von Vergewaltigung in der Ehe in der ehemaligen Bundesrepublik sowie im vereinigten Deutschland. Abgeschlossen ist die Diskussion eigentlich nie.

Und „Nein!" heißt in strafrechtlicher Hinsicht erst seit 2016 „Nein!" Die Vergewaltigung in der Ehe ist erst seit 1998 strafbar und das Züchtigungsrecht der Eltern wurde ebenfalls erst 1998 im Zuge der Reform des Kindschaftsrechts für unzulässig erklärt. Auch die Kontroversen um den neuen Bildungsplan 2015 im damals grün-rot regierten Baden-Württemberg zeigten, dass vor allem konservative christliche Verbände und Politiker in der fächerübergreifenden Behandlung der Akzeptanz homo- und transsexueller Vielfalt und verschiedener Lebensmodelle neben der klassischen Ehe eine Verletzung ihrer christlichen Werte sehen. Sie protestierten laut; Hunderttausende unterzeichneten die entsprechende Petition.

Auch die Enthüllungen von jahrelangen Misshandlungen, sexuellem Missbrauch sowie Vergewaltigungen von Kindern und Jugendlichen in katholischen Internaten, evangelischen Heimen, sozialistischen Erziehungsanstalten der DDR oder reformpädagogischen Institutionen wie der Odenwaldschule wiesen eindrücklich darauf hin: Die Mehrheitsgesellschaft tut gut daran, Probleme der Geschlechterbeziehungen und der sexuellen Selbstbestimmung nicht nur auf „die Anderen" zu projizieren und am Beispiel muslimischer Familien zu diskutieren.

Die Rechte auf sexuelle Selbstbestimmung und körperliche Unversehrtheit können in allen Schichten und Milieus unabhängig von Herkunft, Religion und Einkommen mit Füßen getreten werden. Niemanden sollte deshalb verwundern, wenn kulturelle Traditionen, individuelle Verhaltensweisen und moralische Werte der NeubürgerInnen sich nicht immer nahtlos in die gewünschten Standards, auf die sich die Mehrheit der Gesellschaft irgendwann geeinigt hat, einfügen. Akkulturation, das Hineinwachsen in ein neues kulturelles Umfeld und ein neues Rechtssystem, ist ein spannender, mitunter schmerzhafter Prozess, der Menschen vieles abverlangt. Akkulturation verändert Identitäten – das braucht Zeit und Geduld bei allen Beteiligten. Aber auch die Bereitschaft, erreichte Standards in den Geschlechterbeziehungen und der Emanzipation gegen Angriffe zu verteidigen.

Patriarchale Milieus fordern heraus

Seit den späten 1990er-Jahren hat sich die Zahl der binationalen Ehen in Deutschland mehr als verdoppelt; selbiges dürfte für Liebschaften auf dem Schulhof gelten. Das ist erfreulich, und ein Beleg für Integration, den Abbau von Fremdheitsgefühlen und das Entstehen von etwas Neuem. Konflikte, die daraus erwachsen können, sind lös- und verhandelbar, auch und gerade wenn es um Gleichberechtigung von Mann und Frau und sexuelle Selbstbestimmung geht.

Insbesondere jene muslimischen Einwandererfamilien, die ihre patriarchalen Werte und Handlungsmuster streng an der Bewahrung von Familienehre und Jungfräulichkeit ausrichten, fordern in dieser Hinsicht weiterhin heraus. Deren rigide Normen und Verhaltensmuster haben zwar nicht primär mit dem Islam zu tun, werden aber von ihnen bei Bedarf religiös begründet. Dies ist eine Herausforderung, der sich auch die kommende Generation zu stellen hat. Umso wichtiger ist, dass Jugendliche sich schon in der Schule mit diesen Fragen beschäftigen und die Grundlagen dafür entwickeln, dies erfolgreich meistern zu können.

Obgleich wir also wohl wissen, dass konservative, ja reaktionäre Auffassungen von Geschlechterrollen und Sexualität auch in breiten Teilen der Mehrheitsgesellschaft vorhanden sind, konzentrieren wir uns in diesem *Baustein* auf die Haltungen konservativer und religiöser muslimischer Familien. Der Alltag an vielen Schulen zeigt, dass es bei vielen PädagogInnen und SchulsozialarbeiterInnen große Unsicherheiten im Umgang mit Kindern und Jugendlichen aus muslimischen Familien gibt. Ziel dieses *Bausteins* ist es deshalb, einen kleinen Beitrag dazu zu leisten, die PädagogInnen in ihrer interkulturellen Kompetenz zu stärken, damit sie auch gegenüber Kindern und Jugendlichen aus konservativ-autoritären und religiös-muslimischen Familien ihrem Bildungsauftrag im Sinne des Kindeswohls nachkommen können.

Zu einer erfolgreichen Präventionsstrategie gegen ein patriarchales Gesellschaftsbild gehört die intensive und nachhaltige Auseinandersetzung mit unterschiedlich beschriebenen Geschlechterrollen und den Machtverhältnissen zwischen den Geschlechtern in verschiedenen Lebensbereichen.

SANEM KLEFF

2. Leben in patriarchalen Inselgesellschaften

Palästinensische Jungs machen auf offener Straße Mädchen an, junge Russen pöbeln in der Öffentlichkeit. Türkische Schüler respektieren die Lehrerinnen nicht. Migranten, besonders die aus dem Mittelmeerraum eingewanderten, muslimisch sozialisierten Männer, sind allesamt Machos. So lauten typische Klagen der Mehrheitsgesellschaft über die meisten Alltagskonflikte zwischen Menschen mit und ohne Migrationshintergrund. Das ist auch bei der Beschreibung von Problemen im Schulalltag der Fall.

Viele dieser Situationen haben einen Bezugspunkt zum Thema Sexualität. Konfliktauslöser sind Vorstellungen von Geschlechterrollen, die auf patriarchalen Werten beruhen und von den Vorstellungen der Mehrheitsgesellschaft abweichen oder gar inkompatibel mit ihr sind. Im Kern geht es um Fragen wie: „Wann ist ein Mann ein richtiger Mann?", „Wie verhält sich eine gute Frau?" und „Wer sorgt dafür, dass sich alle rollenkonform verhalten?"

Die divergierenden Antworten der Mitglieder der Mehrheitsgesellschaft und der Minderheiten auf diese Fragen leiten sich aus ihren jeweiligen Wertvorstellungen ab. Diese haben ihre Ursprünge in den unterschiedlichen Alltagserfahrungen, die seit Generationen in den Herkunftsgesellschaften oder in Deutschland gemacht wurden.

Die meisten MigrantInnen in Deutschland stammen ursprünglich aus ländlichen Regionen in der Türkei, Polen, Russland, dem ehemaligen Jugoslawien, Marokko oder Italien. Auch viele syrische und palästinensische Flüchtlinge entstammen einer ursprünglich bäuerlichen Gesellschaft. Diesen, in vielerlei Hinsicht sehr unterschiedlichen Ländern, ist eins gemeinsam: die Spuren von Normen, die in ehemaligen Stammesgesellschaften entstanden, sind weiterhin sichtbar und prägen heute noch den Umgang mit den Geschlechtern.

Die Studie „Muslimische Familien in Deutschland – Alltagserfahrungen, Konflikte, Ressourcen" des Deutschen Jugendinstituts DJI in München betont dazu bereits 2008:

> „Hintergrund ist, dass sowohl in islamischen als auch in ländlichen Kulturen, ebenso wie in unteren sozialen Milieus, traditionelle Werthaltungen dominieren. Sie sind besonders verfestigt, wenn sich untere soziale Milieus und muslimischer Migrationshintergrund überschneiden. Hier wird Familie als Großfamilie gelebt, in der haushaltsübergreifend alltägliche Fürsorgebeziehungen organisiert werden. Häufig funktioniert die Fürsorge länder- oder kontinentübergreifend. Die Organisation der großfamiliären Gemeinschaft beruht auf eindeutigen und arbeitsteiligen Mustern, insbesondere hinsichtlich Geschlecht und Alter. Im Vordergrund steht die Einpassung in die familiäre Gemeinschaft."

Das selbstbestimmte Individuum

Das heutige Deutschland bietet Lebensbedingungen, die das Individuum unabhängig von der Solidarität der Familie oder des Stammes leben lässt. Zum einen handelt es sich nicht nur um eine hoch entwickelte, wohlhabende Industriegesellschaft, in der die existenziellen Bedürfnisse des Einzelnen durch gesellschaftliche Institutionen befriedigt werden. Deutschland ist auch – und das ist entscheidend – ein verlässlicher Rechts- und ein fürsorglicher Sozialstaat, in dem das Gewaltmonopol des Staates grundsätzlich gesichert ist. In den Herkunftsländern vieler Menschen mit Migrationshintergrund sind diese zentralen Errungenschaften wiederum nicht oder erst seit wenigen Jahren vorhanden und damit nicht gefestigt. Dies hat zur Folge, dass Einwanderinnen und Einwanderer aus ihren Gesellschaften resultierende abweichende Haltungen und Wertvorstellungen nach Deutschland mitgebracht haben.

In der deutschen Aufnahmegesellschaft wirken diese Werthaltungen wie Fremdkörper. Je weiter die Lebensbedingungen und damit die Traditionen des Herkunftslandes von jenen in Deutschland abweichen, umso größer ist die kulturelle Kluft, die das Individuum überbrücken muss. Die meisten MigrantInnen meistern diese Akkulturationsleistung unauffällig und erfolgreich. Mit der Zeit passen sie ihre moralischen Wertmaßstäbe und ihr Verständnis von Geschlechterrollen den gesellschaftlichen Lebensbedingungen in Deutschland an und teilen am Ende viele Einstellungen der Mehrheitsgesellschaft. Andere lehnen diese bewusst ab. Wie auch immer sie sich entscheiden: Bereits in der Kindheit verinnerlichte Wertvorstellungen und Normen können nicht einfach wie ein Mantel abgelegt werden. Das geht nur in kleinen Schritten.

Die fiktive Stammesgesellschaft

Welche Normen führen im Einzelnen zu Konflikten, und warum genau tun sie dies? Der folgende Blick auf eine fiktive, idealtypische Stammesgesellschaft kann helfen, Antworten zu finden. Dabei erhebt er nicht den Anspruch, wissenschaftlichen Analysen standhalten zu können. Er bietet aber ein mögliches Erklärungsmuster, das sich zum Verständnis der Hintergründe alltäglicher Konflikte mit MigrantInnen, ganz besonders mit muslimisch sozialisierten Akteuren, im Rahmen von Qualifizierungsseminaren bewährt hat.

Unsere fiktive, idealtypische Stammesgesellschaft führt eine Art Inselleben. Der Nachbarstamm ist weit weg, für den Einzelnen kaum erreichbar und nicht unbedingt friedlich gesonnen. Ein schulterzuckendes „Na, wenn mir hier etwas nicht passt, dann gehe ich eben weg" ist für ihre Mitglieder deshalb keine reale Handlungsoption. Innerhalb der Gemeinschaft ist die Abhängigkeit des Einzelnen von der Gruppe und der Schwachen von den Starken existenziell: Die Kinder hängen von den Erwachsenen ab, die Alten von den Jungen, die Kranken von den Gesunden, die Armen von den Wohlhabenden und so weiter. Vor allem kann in der Gesellschaft der Schutz des Einzelnen vor physischer Gewalt nur durch die Starken und die Gruppe gewährleistet werden. Kurz: Alleine ist der Einzelne nicht überlebensfähig. Die zuverlässigsten Beschützer sind dabei die Blutsverwandten aus der eigenen Großfamilie. Das Verstoßenwerden aus der Gruppe oder Familie kommt einem Todesurteil gleich.

Unter diesen Umständen können die Durchsetzungsfähigen bestimmen, nach welchen Regeln sich die Schwachen zu verhalten haben, damit sie ihnen ihre Solidarität dauerhaft gewähren. Der Zusammenhalt von Gruppe und Familie steht deshalb in der kollektiven Wertehierarchie weit vor der freien, individuellen Persönlichkeitsentfaltung.

In ihrer Rolle als „Ernährer und Beschützer“ von Frau und Kindern stellen die Männer klare Anforderungen. Sie wollen zum Beispiel sicher sein können, dass sie bei der langjährigen und aufwendigen Aufzucht der Nachkommen auch tatsächlich ihre leiblichen Kinder versorgen. Diese Sicherheit können sie mangels Gentests nur erhalten, wenn sie als künftige Mutter ihrer Kinder eine von anderen Männern unberührte Jungfrau zur Ehefrau nehmen.

Vor diesem Hintergrund wird der Schutz der Jungfernschaft ihrer Töchter bis zur Eheschließung zu einer übergeordneten Aufgabe der ganzen Familie. Ihr gesamtes soziales Ansehen und ihre kollektive Ehre werden an dem Gelingen oder Scheitern dieser Schutzpflicht gemessen. Klar definierte, tradierte Rollenbilder beschreiben ein arbeitsteiliges Vorgehen und geben allen Mitgliedern der Gruppe Orientierung.

Den existenziellen Schutz eines Mädchens vor körperlichen, besonders sexuellen Übergriffen, haben in erster Linie ihre nächsten männlichen Verwandten zu gewährleisten. Zu diesen gehören der Vater, die Brüder, Onkel väterlicher- und mütterlicherseits sowie die beiden Großväter. Bei diesen blutsverwandten Männern wird davon ausgegangen, dass sie die Jungfräulichkeit ihrer Tochter, Nichte, Enkelin, Schwester nicht antasten werden, da sie so ihre eigene Ehre aufs Spiel setzen würden. Die enge Verbindung des persönlichen Ansehens der Beschützer mit dem Schicksal der Schutzbefohlenen schützt das Mädchen vor sexuellen Übergriffen und motiviert die Beschützer, unter Umständen mit allen Kräften gegen Angreifer vorzugehen.

Familienkrisen und sogenannte Ehrenmorde

Wirkt der Druck, der auf diesen kollektiven Ehrvorstellungen lastet, auf viele Menschen mit wie ohne Migrationshintergrund fremd, so gilt dies umso mehr für das Phänomen des sogenannten Ehrenmordes. In den meisten Herkunftsländern gab und gibt es keine soziale Legitimation und kein Verständnis für Ehrenmorde. Dies gilt auch in der Türkei.

Das gewalttätige und rational kaum nachvollziehbare Phänomen ist auf wenige soziale Gruppen beschränkt, die seit Jahrhunderten stark isoliert lebten. Nur vor dem Hintergrund derartiger gesellschaftlicher Lebensbedingungen kann ein Erklärungsmuster – kein Legitimationsmuster – beschrieben werden, wie eine Ausnahmesituation entstehen kann, in der die Eltern und Brüder ihre eigene Tochter oder Schwester töten.

Entscheidend ist: Das normverletzende Verhalten des Mädchens kann nicht einfach als Ausdruck ihrer individuellen Entscheidung und Verantwortung betrachtet werden, um das sich andere Familienmitglieder nicht zu kümmern hätten. Stattdessen hat das Verhalten des zu beschützenden Mädchens direkte Auswirkungen auf das Leben der Männer. Bei der öffentlichen Bewertung ihres Verhaltens geht es unmittelbar auch um die persönliche Ehre der Männer.

Wie sehr sie dieses Vergehen missbilligen demonstrieren sie, indem sie auf das Fehlverhalten der in ihren Augen ungehorsamen Schutzbefohlenen mit der höchstmöglichen Strafe, dem Todesurteil, reagieren.

Das seltene Phänomen Ehrenmord taucht sowohl in den Medien als auch in Alltagsgesprächen über das Zusammenleben in unserer Einwanderungsgesellschaft regelmäßig auf. Oft wird es in eine unmittelbare Verbindung zum Islam gebracht und mit passenden Zitaten aus dem Koran untermauert. Tatsächlich ist der Ehrenmord aber auf die beschriebenen Normen von Stammesgesellschaften zurückzuführen.

Die Hochzeit mischt die Karten neu

Nehmen wir als Beispiel das Mädchen Lale. Die neu geborene Lale ist nicht einfach Lale, sondern sie nimmt bereits ab der Geburt als „Tochter", „Schwester", „Nichte" oder „Enkelin" geschlechtsspezifisch definierte, mit den Lebensphasen wechselnde, soziale Rollen ein.

Erst mit ihrer Eheschließung können die Männer aus Lales Herkunftsfamilie ihre bisherige Beschützerrolle ablegen und in ihrem Alltag in den Hintergrund treten. Sie haben erfolgreich die Braut bis zur Eheschließung als Jungfrau begleitet. In der Logik der Stammesgesellschaft übernimmt nun der Ehemann die Hauptrolle als Beschützer seiner Ehefrau und künftigen Mutter seiner Kinder. Die Herkunftsfamilie tritt ab jetzt nur noch dann als ihr Beschützer auf, wenn der Ehemann seiner Rolle nicht gerecht werden sollte.

Mit der Eheschließung bekommt Lale neben ihrem Ehemann als Beschützer auch dessen nächste Verwandte, seinen Vater, seine Brüder, seinen Onkel dazu. Zu diesen Männern hält sie allerdings in jeglicher Hinsicht den gebührenden Abstand, da diese mit ihr nicht blutsverwandt sind. Deren Motivation, Lale zu beschützen, entstammt ihrem Familieninteresse. Es gilt, die Ehre des Ehemanns – der zugleich Sohn, Bruder oder Neffe ist – zu erhalten. Ein Schutzinteresse in Bezug auf die eingeheiratete Braut ist zwar nur mittelbar aber dennoch stark vorhanden.

Als Mutter findet Lale in ihren Söhnen neue, junge, aktive, starke und vor allem blutsverwandte Männer, deren soziales Schicksal ebenfalls mit ihrem eng verknüpft ist. Zur Sicherstellung der Reproduktion der Normen erzieht sie ihre Söhne nach bewährter Tradition. In ihren Kinderjahren werden die kleinen Söhne umsorgt und verwöhnt. Sie entwickeln eine, spätestens in der Grundschule deutlich sichtbare, „Prinzenrolle" – und sind daran gewöhnt, sich rundum bedienen zu lassen: zuweilen können sie nicht einmal ihre Schuhe binden, wollen nicht putzen oder gar den Tisch abdecken.

Diese Rolle wird ihnen bis zur Pubertät zugestanden. Die Verwöhnzeit soll sie für den Rest ihres Lebens dafür entschädigen, dass sie nach deren Ende als „richtige Männer" in ihre neue Rolle als Beschützer wechseln müssen. Diese verspricht ihnen nicht nur Annehmlichkeiten, sondern verlangt ihnen auch dauerhaft viel Kraft ab.

Auch Frauen profitieren

Das weit verbreitete Bild des bedauernswerten Mädchens, das von seiner muslimisch-konservativen Familie unterdrückt wird, vor der Ehe keinen Sex haben darf und deren Ehemann von der Familie bestimmt wird, entspricht sicher der Lebenswirklichkeit eines Teils der Frauen in patriarchalen Gesellschaften. Dennoch können auch in diesen Gesellschaften die Frauen nicht pauschal als Opfer gemeinschaftlicher Wertesysteme betrachtet werden. Frauen übernehmen beim Aufbau und der Stabilisierung vorhandener Gesellschaftsstrukturen eine aktive Rolle. Oft sind sie sogar die Hauptverantwortlichen für die generationenübergreifende Reproduktion des Gesellschaftsmodells.

Das patriarchale System bedient weitgehend die Interessen von Männern. Warum aber verteidigen Frauen die vorgegebene Ordnung, warum wirken sie an der Konsolidierung sogar aktiv mit, oder nehmen die Zustände zumindest schweigend hin? Die einfache Antwort: Sie profitieren ebenfalls. Solange Frauen in einer Gesellschaft leben, in der ihre körperliche Unversehrtheit nicht durch staatliche Institutionen wie den Polizeiapparat gewährleistet werden kann, in der sie keinen staatlich organisierten Schutzraum wie Frauenhäuser und keine Fürsorge durch gesellschaftliche Schutzsysteme bei Krankheit und im Alter, wie Versicherungen, in Anspruch nehmen können, sind sie auf den Schutz durch Starke angewiesen. Bleiben abhängig von ihnen.

Hin zu einer gemeinsamen Haltung

Einmal verinnerlichte moralische Normen können in Gesellschaften über Generationen hinweg eine starke Wirkung entfalten und das Alltagshandeln der Individuen bestimmen. In Deutschland geborene Kinder und Enkel – die zweite und dritte Generation der Eingewanderten – kennen die ursprünglichen Lebensumstände der Herkunftsfamilien kaum. Dennoch setzen sich in unterschiedlichem Ausmaß auch bei ihnen derartige Haltungen durch.

Unter bestimmten Umständen, zum Beispiel, wenn sie sich deutlich von der Mehrheitsgesellschaft abgrenzen wollen, werden diese von ihnen sogar bewusst reaktiviert, etwa nach dem Motto: „Na, dann bin ich eben ein Macho, und ganz klar soll meine Schwester jungfräulich in die Ehe gehen, und wenn sie sich nicht fügt, dann…“ Solche trotzig-wuterfüllten Abgrenzungsbestrebungen können mitunter, wenn weitere

Bedingungen hinzukommen, auch zu Andockstellen für Ideologien der Ungleichwertigkeit, wie zum Beispiel dem Wunsch nach einer islamistisch-patriarchalen Gesellschaftsordnung, werden.

Ein den realen Anforderungen des Alltags angemessenes, adäquates Verhalten zu entwickeln, ist für SchülerInnen, die derartig widersprüchliche Konflikte leben, nicht einfach. Hier ist von LehrerInnen an der Schule oder PädagogInnen in der außerschulischen Kinder- und Jugendarbeit hohe professionelle und persönliche Kompetenz gefordert, um geeignete Wege der pädagogischen Auseinandersetzung zu entwickeln. Der erste Schritt dazu ist, in der Schule geeignete Formen zu finden, eine offene Auseinandersetzung mit allen Fragen zu diversen Geschlechterrollen zu führen. Und dies nicht erst, wenn ein akuter Konflikt vorliegt. Anliegen rund um Sexualität, Partnerschaft und der eigenen Identität sollten als ein existenziell bedeutsames Querschnittsthema die alltägliche pädagogische Arbeit begleiten.

Ahmet Toprak

3. Geschlechterrollen und Sexualerziehung

Trotz der intensiven und emotionalisierten öffentlichen Debatten rund um das Thema Islam in den zurückliegenden zehn Jahren ist das Wissen über muslimische Familien und deren Strukturen in Deutschland gering und häufig von stereotypen kulturalistischen Vorurteilen geprägt. Das ist umso erstaunlicher, da muslimische Familien und damit der Islam seit über 50 Jahren, zumindest im Westen, fester Bestandteil der bundesdeutschen Gesellschaft sind.

Inzwischen leben rund vier Millionen Menschen in Deutschland, die dem islamischen Glauben zugerechnet werden. Mit 2,5 Millionen ist die Gruppe am größten, deren Migrationsgeschichte mit der Türkei verbunden ist. Die zweitgrößte Gruppe sind 400.000 Menschen, die ursprünglich aus dem Nahen Osten, beispielsweise aus Syrien, Irak und dem Libanon kommen. Die Hunderttausende muslimischen Flüchtlinge, die in 2015 und 2016 aus dieser Region geflüchtet sind, sind in der Zahl nicht enthalten. Etwa 75 Prozent der MuslimInnen in Deutschland sind sunnitisch, 12,7 Prozent alevitisch und 7,1 Prozent schiitisch.

Die muslimische Bevölkerung in Deutschland ist also alles andere als eine homogene Gruppe. Sie unterscheidet sich nach

Glaubensrichtungen, regionaler und sozialer Herkunft sowie nach weltanschaulicher Verankerung. Neben konservativ-autoritären gibt es mehr oder weniger streng religiöse Familien ebenso wie säkulare und moderne, für die Religionszugehörigkeit nicht mehr als ein kulturelles Erbe ist. Entsprechend unterschiedlich sind die Sozialisationsbedingungen der Kinder und Jugendlichen. Darin unterscheiden sich muslimische Familien nicht von christlichen oder jüdischen Familien; dort ist die Bandbreite zwischen ultra-orthodoxen und libertären Familien ähnlich groß. Infolgedessen gilt: Bei der Betrachtung der Geschlechterrollen und der Sexualerziehung in muslimischen Familien ist ein differenzierter Zugang unerlässlich.

Im Folgenden wird zunächst kurz der methodische Zugang der Studie „Unsere Ehre ist uns heilig. Muslimische Familien in Deutschland" aus dem Jahr 2012 erläutert, die diesem Aufsatz zugrunde liegt. Anschließend werden wir das Konzept der Ehre vorstellen, das in konservativ-autoritären Familie nund religiösen Familien relevant ist. Im Anschluss betrachten wir in beiden Familientypen den Umgang mit Sexualität. Basierend auf diesen Erkenntnissen werden Schlussfolgerungen für die pädagogische Praxis formuliert.

Der methodische Zugang

Die zugrundeliegenden Daten und Informationen wurden auf zwei Wegen zusammengetragen. Zum einen haben wir Untersuchungen über muslimische Familien aus Deutschland und anderen Ländern (vor allem aus der Türkei) berücksichtigt. Zum anderen ließen wir Menschen mit muslimischem Glauben selbst zu Wort kommen. Letzeres sollte vor allem eine Binnenansicht von in Deutschland lebenden Menschen mit muslimischem Glauben auf ihr Familienleben ermöglichen. Befragt wurden 61 Menschen im Alter von 14 bis 69 Jahren, die 22 Familien angehören. Insgesamt 28 Interviews fanden statt. In den Gesprächen stellte sich heraus, dass die Befragten sehr unterschiedliche Wertvorstellungen, Erziehungsmuster sowie politische und religiöse Werte vertreten. Daher bot es sich an, Familien mit ähnlichen Mustern und Strukturen in Gruppen zusammenzufassen. Dabei war zu beachten, dass diese Familientypen nicht statisch sind und viele Überschneidungen existieren. Es gibt auch Familien, die keinem der Typen zugeordnet werden können. Letztlich haben sich folgende vier Familientypen rekonstruieren lassen:

konservativ-autoritäre Familien
religiöse Familien
leistungsorientierte Familien
moderne Familien

Die leistungsorientierten sowie die modernen Familien, die einen relativ großen Anteil an den muslimischen Familien in Deutschland ausmachen, werden im Folgenden außer Acht gelassen. Hintergrund ist, dass sich ihre Vorstellungen von Geschlechterrollen und Sexualerziehung nicht sehr von den Vorstellungen der bundesrepublikanischen Mehrheitsgesellschaft unterscheiden. Folglich geraten sie mit deren Normen auch nicht in größere Konflikte.

Wir konzentrieren uns auf Erziehungsmuster, Erziehungsstil und Geschlechterrollen in konservativ-autoritären Familien sowie auf Aspekte religiöser Erziehung und Sozialisation in religiösen Familien. In beiden Familientypen betrachten wir Aspekte der Sexualerziehung. Die Konzentration auf diese Familientypen basiert auf der Annahme, dass diese aufgrund ihrer konservativen Haltung hinsichtlich Erziehung und Geschlechterrollen für die pädagogische Praxis besonders relevante Gruppierungen darstellen. Das bedeutet aber auch: Mit der gewählten Fokussierung werden keine repräsentativen Aussagen zu den muslimischen Familien in Deutschland getroffen.

Der Begriff der Ehre

Einige wichtige Begrifflichkeiten, die das familiäre Zusammenleben, die Geschlechterrollen, Erziehung und Sexualmoral, vor allem in konservativen und religiösen Familien, auf unterschiedliche Art und Weise prägen und in der Praxis von zentraler Bedeutung sind, werden hier erläutert. Ehre beinhaltet vier voneinander untrennbare Werte:

şeref	*Ansehen*
namus	*Ehre*
saygı	*Respekt, Achtung*
onur	*Würde*

şeref *Ansehen*

Anders als *namus* (Ehre) ist şeref ein Wert, der variabel ist. Er wird als ein Rang für Dienste an der Gesellschaft verwendet. Um in der Gesellschaft eine anerkannte Stellung zu erhalten, muss man Reife, Erfolge und gute Taten vorweisen können. Positive Verhaltensweisen in der Gesellschaft – wie Hilfsbereitschaft, Integrität oder Ehrlichkeit – erhöhen das Ansehen eines Individuums, während negative Eigenschaften, wie Lügen oder Stehlen das Ansehen mindern. Şeref muss mühsam durch gute Taten und eine positive Lebensweise erarbeitet werden. Ob Männer und Frauen gleichermaßen şeref besitzen, ist umstritten. Eine Sichtweise ist: Ausschließlich Männern gebühre şeref, da dieser Wert nur in den öffentlichen und politischen Beziehungen, welche vorrangig die Männer unterhalten, eine Rolle spiele. In einer anderen Auslegung wird şeref als ein positiver und universeller Wertebegriff für beide Geschlechter definiert.

namus *Ehre*

Während şeref erst im Erwachsenenalter erreicht werden kann, ist namus ein Wert, den alle Menschen besitzen und der auch nicht durch Eigeninitiative vermindert oder gesteigert werden kann. Namus kann man jedoch durch Angriffe von außen verlieren. Wenn beispielsweise ein Außenstehender einen Angehörigen der Familie, in den meisten Fällen eine Frau, belästigt oder angreift. Ein Mann gilt als ehrlos, wenn er dann nicht bedingungslos und entschieden seine Angehörigen verteidigt.

Der zweite und zentrale Teil von namus betrifft die Sexualität. Namus regelt nicht nur die Beziehung von innen und außen, sondern bestimmt auch das Verhältnis zwischen Mann und Frau. Namus bedeutet für Mann und Frau Unterschiedliches: für die Frau, dass sie bis zur Ehe ihre Jungfräulichkeit bewahrt und auch während der Ehe treu bleibt. Die namus eines Mannes hängt vor allem vom Verhalten seiner Frau ab: Männer müssen die Sexualität ihrer Frauen (Ehefrauen, Töchter und Schwestern) kontrollieren und besitzen Ehre, wenn ihre Kontrolle sozial anerkannt ist.

saygı *Respekt, Achtung*

Ein anderer wichtiger Begriff ist saygı. In der Familienhierarchie werden ältere Brüder mit *abi* (großer Bruder) und ältere Schwestern mit *abla* (große Schwester) angesprochen. Verwandte dürfen nicht einfach beim Vornamen genannt werden, sondern mit dem Zusatz Onkel, Tante oder großer Bruder et cetera. Diese Anreden werden in der Regel auch für ältere fremde, nicht der Familie angehörende Personen verwendet.

onur *Würde*

Im Vergleich zu den ersten drei Begriffen ist onur abstrakter und auch schwer messbar. Onur ist eine innere Haltung des Individuums, die nicht nach außen, sondern nach innen gerichtet ist. Lale Yalcın-Heckmann beschreibt diesen Begriff wie folgt: „Spricht man von Würde (onur) einer Person, so versteht man darunter den inneren Respekt und Werte, zu denen sich ein Individuum anders als im Fall des Ehrbegriffes şeref selbst bekennt und mit denen es sich in Notfall gegen eine Verurteilung durch die Gesellschaft oder gegen Interventionen des Staates verteidigen kann."

3.1 Erziehung und Geschlechterrollen in konservativ-autoritären Familien

In diesem Abschnitt werden Muster geschlechtsspezifischer Erziehung sowie der Aufteilung in Geschlechterrollen innerhalb konservativ-autoritärer Familien nachgezeichnet. Um den Erziehungsstil und die geschlechtsspezifische Rollenaufteilung in diesen Familien darzustellen, wird exemplarisch eine Familie vorgestellt.

Familie Bin Al-Saud im Profil

Die Familie stammt ursprünglich aus dem Landkreis einer der größten Städte Syriens: Aleppo. Die Mutter der Familie Ulima kommt im Rahmen der Familienzusammenführung als Zwölfjährige 1975 nach Deutschland; ihre Eltern leben seit 1968 hier. Unmittelbar nach der Einreise besucht Ulima eine Hauptschule in Berlin, beendet diese jedoch nicht. Sie verfügt über keine abgeschlossene Berufsausbildung. Ulima arbeitet in einem arabischen Supermarkt in Berlin als Aushilfe und verdient 400 Euro im Monat. Als sie 19 Jahre alt ist, heiratet sie 1982 den Nachbarssohn Fadi, der aus derselben Gegend Syriens stammt wie sie. Fadi ist 1960 geboren und kommt 1973 mit seinen Eltern nach Berlin. Auch er besucht eine Hauptschule, die er aber erfolgreich abschließt. Da sich seine Eltern gegen eine Lehre aussprechen, entscheidet sich Fadi dazu, eine Anstellung bei einer Baufirma anzunehmen, in der er bis heute als Dachdecker arbeitet.

Ulima und Fadi haben drei gemeinsame Kinder. Das älteste Kind, der Sohn Khalid, kommt 1988 zur Welt. Er besucht nach der Grundschule eine Realschule, in der er überfordert ist. Daraufhin wird er in die Hauptschule zurückgestuft, beendet sie erfolgreich und macht eine Ausbildung zum Maurer. 1992 kommt das zweite Kind zur Welt: Donia, die nach der Grundschule eine Realschule besucht und auch erfolgreich abschließt. Zum Zeitpunkt des Interviews befindet sich Donia im dritten Ausbildungsjahr zur Zahnarzthelferin. Das jüngste Kind, ebenfalls ein Mädchen, Hira, wird 1999 geboren und besucht zum Zeitpunkt des Interviews die fünfte Klasse einer Schule in Berlin-Wedding.

Im Verlauf des Interviews mit der Familie fällt auf, dass bestimmte Grenzüberschreitungen, die von den Kindern begangen werden, mit Strafen, Härte und gegebenenfalls mit Gewalt – beispielsweise Ohrfeigen oder Schlägen – geahndet werden. Da Respekt, Gehorsam und Unterordnung gegenüber den Eltern von Familien des konservativ-autoritären Typus im Mittelpunkt der Erziehung stehen, wird eine solche Bestrafung durch die Eltern von den Kindern akzeptiert.

Dies spiegelt sich in einem ausführlichen Auszug aus dem Interview mit Ulima:

> „Also, ich denke, dass eine anständige Erziehung der Kinder sehr, sehr wichtig ist. Die Kinder müssen viele Dinge lernen, die ich für wichtig halte. Sie müssen sich zum Beispiel anständig verhalten, wenn Eltern da sind. Sie müssen vor Eltern und

anderen älteren Verwandten Respekt haben. Sie sollen nicht laut sein, wenn der Vater spricht. Die Mädchen müssen sich draußen anständig verhalten, nicht auffallen und pünktlich zu Hause sein. (...) Ich denke schon, dass Jungen und Mädchen anders sind. Gott hat uns ja so geschaffen. Wir müssen sehen, dass die Mädchen und Jungen anders sind, die haben von der Natur unterschiedliche Aufgaben bekommen. Deshalb müssen wir auch Mädchen und Jungen anders erziehen und behandeln und bestrafen, damit sie ihre Aufgaben machen können. Wie die Mädchen und Jungen werden, liegt in der Erziehung der Eltern. Wenn die Eltern nicht anständig sind, dann werden die Kinder auch nicht anständig. (...) Wenn bestimmte Sachen nicht klappen, wenn die Kinder nicht auf die Mutter oder auf den Vater nicht hören, dann finde ich es nicht schlimm, wenn du dem Kind eine Ohrfeige gibst. Ich habe ab und zu mal eine Ohrfeige bekommen, das hat mir auch nicht geschadet. (...) Wenn Eltern ihre Kinder bestrafen, wollen sie doch was Gutes. Wenn ich meine Kinder nicht bestrafe, dann denken sie, es ist mir alles egal, es ist mir aber nicht egal."

Erziehungsstil

Wie eingangs betont, migrierten viele ZuwandererInnen aus der Türkei und den arabischen Ländern aus wirtschaftlich schwachen Regionen ihrer Herkunftsländer oder aus Krisenregionen. Massenarbeitslosigkeit, Armut, Analphabetismus und eine wenig entwickelte Infrastruktur bestimmen das Leben dort auch heute noch.

Die Beziehung der Eltern zu ihren Kindern ist in derartigen Milieus häufig geprägt durch Aspekte wie Autorität und Respekt. Offene Zornesäußerungen werden weder gegenüber

Eltern noch gegenüber anderen Autoritätspersonen wie Lehrkräften toleriert. Das Kind hat gehorsam zu sein und die von den Eltern übertragenen Aufgaben sorgfältig zu erfüllen, ohne große Erläuterungen und Gegenfragen. Die Eltern haben hier Anspruch auf Achtung, welche die Beziehungen zwischen den Personen nach Alter und Geschlecht regelt. Wenn die Älteren – in unserem Kontext die Eltern – keine Achtung von den Kindern erfahren, haben die Jüngeren – die Kinder – kein Recht auf Liebe. Diese beiden Begriffe sind in diesem Typus nicht voneinander zu trennen. Wichtige Entscheidungen in Bezug auf die Kinder werden von den Eltern getroffen, da angenommen wird, dass die Kinder dazu nicht in der Lage sind. Das gilt auch im höheren Alter, wenn es beispielsweise um die Eheschließung geht. Die Eltern haben, soweit sie Kenntnisse darüber haben, Einfluss auf die Schul- und Berufsausbildung. Ein anderes Indiz für die Dominanz der Eltern ist, dass sie an Entscheidungen festhalten, auch wenn sie innerlich nicht hundertprozentig davon überzeugt sind. Wenn sie von einer getroffenen Entscheidung abrücken würden, würde dies – zumindest von ihnen selbst – als Schwäche gewertet. Häufig geht dieser Erziehungsstil mit einem geringen Bildungsniveau der Eltern einher.

Erziehungsziele

Die Erziehung zu Respekt, Gehorsam, Höflichkeit, Ordnung und gutem Benehmen hat für die in Deutschland lebenden Menschen mit muslimischem Glauben, die den konservativ-autoritären Familien zugeordnet werden, immer noch einen hohen Stellenwert. Die Kinder werden von klein auf nach diesen traditionellen Wertvorstellungen erzogen und zu einer entsprechenden Haltung gegenüber ihren Eltern, älteren Geschwistern und anderen Verwandten ebenso wie gegenüber pädagogisch Tätigen und religiösen Geistlichen außerhalb der Familie angehalten. Dazu gehört, dass Kinder ihre Eltern, ältere Geschwister, Onkel und Tanten nicht mit dem Vornamen ansprechen dürfen. Sie sollen zudem in Gegenwart der Eltern schweigsam sein, den Höherstehenden – vor allem in der Öffentlichkeit – nicht widersprechen. Auch erwachsene Söhne und Töchter dürfen in Anwesenheit der Eltern nicht rauchen und keinen Alkohol konsumieren. Respekt bedeutet in diesem Kontext, sich gegenüber den Autoritäten loyal, gehorsam und unterordnend zu verhalten. Ziel dieser Erziehung ist, die familiären Bindungen zu festigen und einen auf das Funktionieren der Familie gerichteten Orientierungssinn für das gesellschaftliche Leben zu entwickeln, der sich vor allem aus der Tradition ergibt und nicht religiös begründet ist.

Das Erziehungsziel Ehrenhaftigkeit spielt im Erziehungsalltag der konservativ-autoritären Familien neben der Erziehung zu „Respekt vor Autoritäten" eine zentrale Rolle. Vereinfacht dargestellt, geht es hierbei um die zwei folgenden Punkte: die Beachtung der Grenze zwischen Innen- und Außenwelt und die geschlechtsspezifische Ausrichtung der Ehre. Traditionell gibt es eine klare Grenze zwischen dem Bereich der Familie (Innenwelt) und der Außenwelt. Auch in Deutschland wird von konservativ-autoritären Familien sehr darauf geachtet, diese Grenze nicht zu überschreiten. Vor allem den männlichen Kindern wird sehr früh vermittelt, auf etwaige Grenzüberschreitungen sofort und entschieden zu reagieren, beispielsweise ihre (jüngeren) Geschwister zu verteidigen, um nach außen ein geschlossenes Bild abzugeben. Da in Deutschland das vertraute soziale Umfeld nicht in dem Maße existiert wie in den Herkunftsländern und der Schutz der einzelnen Familienmitglieder das oberste Prinzip ist, gewinnt dieses Erziehungsziel noch an Bedeutung.

Auch ein starkes Gefühl der Zusammengehörigkeit wird von Eltern an Kinder vermittelt. Wie schon bei der Ehrenhaftigkeit deutlich wurde, ist das Zusammenhalten der Familie in der Migration von zentraler Bedeutung, weil die in den Herkunftsländern üblichen sozialen Netzwerke in Deutschland fehlen. Somit ist dieses Erziehungsziel im Zuge der Migration entstanden, weil Eltern dadurch die innerfamiliäre Bindung, die sie in der Migration gefährdet sehen, festigen wollen.

Die in der deutschen akademisch orientierten Mittelschicht verbreiteten Erziehungsziele (Selbstständigkeit, Selbstbewusstsein, Kritikfähigkeit, Toleranz, Selbstbestimmung etc.), die auch bei leistungsorientierten und modernen Familien zentral sind, spielen hier kaum eine Rolle.

Geschlechtsspezifische Erziehung

In konservativ-autoritären Familien beginnt die Sozialisation in die Geschlechterrollen bereits vor der Geburt. Für die Geschlechter gelten jeweils unterschiedliche Werte und Erwartungen. Ulima beschreibt diese Vorphase:

> „Wir haben ja sechs Jahre auf unser erstes Kind gewartet. Der Arzt konnte nicht genau sagen, aber er meinte, es wird ein Junge. Wir haben uns sehr gefreut. (...) Mein Mann hat sich mehr gefreut. Er wollte unbedingt einen Sohn haben. Wir haben dann für ihn alles gekauft: Autos, Bagger, Hosen und so weiter. Dann hat mein Mann gesagt, er wird unsere Familie und den Familiennamen weiterführen. Es war alles geplant."

Das Kind wird in einen Kontext vorgeformter Werte und geschlechtsspezifischer Erwartungen hineingeboren. Es unterliegt schon bald einem teils unterschwelligen, teils offensichtlichen Druck, sich in seine durch die Gesellschaft und die Eltern definierte geschlechtsspezifische Rolle zu fügen. Die Eltern konservativ-autoritärer Familien gewähren ihren Söhnen mehr Freiheit und erlauben ihnen mehr Aggressivität, während sie von den Töchtern Abhängigkeit und Ergebenheit erwarten.

Der Sohn Khalid und seine Erziehung

Da sich Khalid zunächst (von der Geburt bis zum Grundschulalter) in der häuslichen Umgebung aufhält, sind seine wichtigsten Bezugspersonen die Mutter und die Großmutter. Bereits mit dem fünften beziehungsweise sechsten Lebensjahr ist sein Verhältnis zur Mutter sowie zur Großmutter zwiespältig:

> „Am Anfang hatte ich ihn viel bei mir. Oder die Oma hatte ihn. Aber irgendwann muss man den Jungen auch loslassen. Es ist nicht immer einfach. Loslassen und man möchte ihn wieder umarmen. Das ist ganz schön schwer." (Ulima) Die Beziehung ist einerseits noch von körperlicher Zärtlichkeit geprägt, andererseits wird von beiden Seiten diese Körperlichkeit mit zunehmenden Alter abgelehnt. Auch wenn die Mutter und die Großmutter noch die Hauptbezugspersonen des Jungen sind, wird die Zuordnung zum Vater forciert: „Irgendwann muss der Junge ja lernen, was es ist, ein Mann zu sein. Deshalb muss er mit dem Vater rausgehen. Er muss schauen, was draußen los ist. Er muss alles kennen. Auch andere Stadtteile und so weiter." (Fadi)

Im Grundschulalter verfestigt sich Khalids geschlechtsspezifische Erziehung und weitere Differenzierungen der Rollenmuster werden erlernt.

> „Also, ich meine, irgendwann muss sich der Junge endlich von Frauen lösen. Er muss sich Sachen bei seinem Vater und anderen Männern angucken. Irgendwann ist ein Junge mit zwölf oder dreizehn in Frauengruppe nicht mehr akzeptiert. (...) Natürlich bin ich für meinen Sohn da. Aber draußen ist mein Mann für ihn zuständig, drinnen aber ich. Ich koche, mache Wäsche und schaue, ob er sauber ist." (Ulima)

Die Tochter Donia und ihre Erziehung

In der Vorschulphase hält sich Donia genau wie ihr Bruder in der unmittelbaren Nähe der Mutter und der Großmutter auf – und im Gegensatz zu ihrem Bruder bleiben diese auch danach die Hauptbezugspersonen des Mädchens. Der Aufenthaltsort von Donia ändert sich nicht, der räumliche Bezug bleiben das Haus und die nähere Umgebung. „Bei Mädchen muss man besser aufpassen. Sie muss immer zu Hause bleiben. Also, ich meine, das Mädchen soll nur rausgehen, wenn das nicht anders geht. Kleine Mädchen dürfen sowieso nicht alleine rausgehen. Wenn ich oder meine Mutter andere Familien besuchen, ja, dann nehmen wir sie mit." (Ulima) Donia kommt nur sehr eingeschränkt mit der Außenwelt in Kontakt: sie begleitet die Mutter zu Besuchen bei Verwandten oder Nachbarn. Im Gegensatz zu Khalid werden Donias Kontakte über die Mutter vermittelt. Während die Mutter ihren Sohn bei der Neuorientierung am männlichen Geschlecht ohne Strenge positiv unterstützt, wird die Festigung der weiblichen

Geschlechterrolle bei Donia streng überwacht und begleitet: Hier bleibt die Autorität der Mutter unangreifbar und Ungehorsam wird bestraft. In dieser Phase wird die Tochter gelegentlich zu kleinen Arbeiten im Haushalt herangezogen. Auch soll sie lernen, sich in Anwesenheit anderer ruhig zu verhalten und nicht zu sprechen, außer sie wird etwas gefragt. Zudem wird jedem Mädchen prinzipiell die Aufgabe der Fürsorge für jüngere Geschwister übertragen; diese Verantwortung wird Jungen in aller Regel nicht gegeben.

In den Interviews wird deutlich, dass sich bei Konflikten zwischen Ulima und Donia der Vater einschaltet, indem er sie durch ein Machtwort beendet. Während die Ehre bei Khalid kämpferische Eigenschaften verlangt, so erfordert sie bei Donia Schamhaftigkeit und Körperbeherrschung. Da der Vater sich aus der geschlechtsspezifischen Rollenzuweisung von Donia weitgehend heraushält, ist die Vater-Tochter-Beziehung freundlich.

Zur dargestellten geschlechtsspezifischen Erziehung muss folgendes hervorgehoben werden: Die Lebensgewohnheiten, Traditionen und Denkmuster ländlich-provinzieller Herkunftsorte geraten in der Migration immer wieder in Konflikt mit den in Deutschland erlebten Orientierungsmustern und Normen. Dies führt oftmals dazu, dass umso stärker an jenen Werten und Traditionen festgehalten wird, die als weniger fremd beziehungsweise als „eigene" erlebt oder gedeutet werden und gleichsam realisierbar erscheinen. Beispielsweise kann die Erziehung in die Geschlechterrollen in der traditionellen Form in der deutschen Gesellschaft nicht eins zu eins umgesetzt werden. So modifizieren die Jugendlichen diese traditionellen Formen und entwickeln gewissermaßen neue, aber aus den alten abgeleitete Denkmuster und Orientierungen.

3.2 Sozialisation und Erziehung in religiösen muslimischen Familien

In diesem Kapitel wird der Schwerpunkt am Beispiel der religiösen Familien auf die religiöse Erziehung und religiöse Pflichten und Feste gelegt. Exemplarisch wird die Familie Karatepe vorgestellt, um die Bedeutung der religiösen Erziehung besser nachvollziehbar zu machen.

Familie Karatepe im Profil

Die Karatepes stammen aus dem Landkreis der zentralanatolischen Großstadt Kayseri, rund 250 Kilometer östlich von Ankara. Die dortige Bevölkerung gilt in der Türkei als besonders religiös. Der Familienvater Abdullah wird 1939 in Kayseri geboren, kommt 1969 als Gastarbeiter zunächst nach Hannover und zieht 1972 nach München. In der Türkei schließt Abdullah die obligatorische fünfjährige Grundschule ab, eine weitergehende Schul- und Berufsausbildung hat er nicht. Bevor er als sogenannter Gastarbeiter nach Deutschland kommt, arbeitet er in Kayseri in einer kleinen Fabrik. Von 1972 bis 1999 arbeitet Abdullah bei Siemens am Fließband, bis er mit 60 Jahren in Frührente geht. Die Mutter Gülbahar wird 1942 ebenfalls in der Nähe von Kayseri geboren. Sie besucht keine Schule und kann nicht lesen und schreiben. Gülbahar folgt ihrem Mann

1974 mit ihren drei Kindern nach München. Sie arbeitet ebenfalls bei Siemens, bis sie 1995 krankheitsbedingt ausscheidet. Gülbahar und Abdullah haben fünf gemeinsame Kinder, vier Töchter und einen Sohn. Während die zwei älteren Töchter und der Sohn keine Berufsausbildung nachweisen können, schließen die beiden jüngeren Töchter das Studium der Rechts- beziehungsweise Betriebswirtschaftslehre mit Erfolg ab.

Im Interview mit dem Vater der Familie Karatepe kommen viele Themen zur Sprache. Den Schwerpunkt des Gesprächs setzt Abdullah auf die religiöse Erziehung der Kinder und Enkelkinder, die er wie folgt begründet:

> „Ich bin schon über siebzig Jahre alt, und ich lebe schon seit 40 Jahren in Deutschland. Ich bin immer religiös gewesen. Da wo wir her stammen, ist Religion sehr wichtig. Ich würde schon sagen, dass ich für die Religion lebe. Meine Kinder habe ich anständig, also nach den Regeln unserer Religion, erzogen. Meine Kinder erziehen ihre Kinder nach denselben Vorgaben. Religiöse Erziehung bedeutet, dass die Kinder die Pflichten eines Moslems kennen und umsetzen. Diese Pflichten sind zum Beispiel Beten, Fasten, Almosen geben und natürlich die muslimischen Feste."

Abdullah rückt hier zwei Bereiche in den Mittelpunkt: die religiöse Erziehung innerhalb der Familie und die institutionelle religiöse Erziehung.

Die Bedeutung der religiösen Erziehung im Islam

Wie Abdullah im Interview betont, bedeutet religiöse Erziehung für ihn die Vermittlung der fünf Säulen. Die fünf Säulen des Islam werden demnach beiden Geschlechtern gleichermaßen vermittelt: Shahada (die Annahme des Islam als Religion), salat (das täglich fünfmal zu verrichtende Ritualgebet), zakat (Almosensteuer), saum (das Fasten im Monat Ramadan) sowie die Wallfahrt nach Mekka. Außerdem gehören zur religiösen Erziehung der Familien dieses Typus das Feiern der islamischen Feiertage, des Opfer- und Zuckerfests.

Shahada *Glaubensbekenntnis*

Die Annahme des Islam vollzieht sich mit dem Aussprechen des Glaubensbekenntnisses. „Ashadu an la ilaha illa llah wa-ashadu anna Muhammadan rasulullah“ – ins Deutsche übersetzt: „Ich bezeuge, dass es keinen Gott außer Allah gibt, und ich bezeuge, dass Muhammad der Gesandte Gottes ist.“ Wie kann aber ein neugeborenes Kind das Glaubensbekenntnis ablegen? Hierzu ein Zitat der Mutter Gülbahar:

> „Wenn ein Kind auf die Welt kommt, kann das Kind nicht sprechen. Natürlich ist dieses Kind Moslem, weil die Eltern diese Religion haben. Und wenn das Kind da ist, spricht man in sein Ohr ‚Es gibt als Gott nur Allah und der Muhammad ist unser Prophet‘. Natürlich spricht man dieses Glaubensbekenntnis im Leben öfters aus, zum Beispiel bei bestimmten Gebeten.“

Kinder in religiösen Familien werden von klein auf mit religiösen Ritualen vertraut gemacht. Das Kind lernt im Laufe der Zeit, sich in unterschiedlichen Zusammenhängen zu Gott und seinem Propheten zu bekennen. Das kann in unterschiedlichen Gebeten geschehen, wie Gülbahar betont, oder aber bei religiösen Schulungen oder Familienfesten.

Salat *Beten*

Das bedeutendste religiöse Ritual ist für die größte Anzahl der MuslimInnen das täglich fünfmalige Gebet. Aufgrund der Erwerbstätigkeit können nicht alle dieses Ritual regelmäßig einhalten. Aber mindestens das Freitagsgebet (mittags), das mit dem sonntäglichen Kirchgang der ChristInnen verglichen werden kann, soll eingehalten werden. Kinder und Jugendliche sollen die richtige Abfolge in ritualisierter Form, begleitet von gesprochenen Gebetsversen, erlernen und umsetzen. Es geht nicht darum, die Bedeutung der arabisch gesprochenen Verse zu verstehen und nachzuvollziehen, sondern das auswendig Gelernte soll korrekt wiedergegeben werden:

> „Die Kinder müssen lernen, richtig zu beten. Natürlich müssen sie auch die richtige Körperhaltung haben und an bestimmten Stellen bestimmte Gebete aufsagen. (...) Die Gebete sind arabisch, die müssen arabisch sein. Ich kann auch kein Arabisch, aber ich habe sie alle gelernt. Ich weiß nicht ganz genau, was jedes Wort bedeutet. Aber muss man auch nicht. Genauso müssen das die Kinder auch lernen." (Gülbahar)

Wie schon bei den konservativ-autoritären Familien beschrieben, werden auch hier bestimmte Werte und Normen geschlechtsspezifisch vermittelt, das heißt der Vater unterweist den Sohn, die Mutter die Töchter. Das tägliche Beten wird den Kindern in der Grundschulzeit beigebracht und soll spätestens ab der Pubertät beherrscht werden.

Zakat *Almosensteuer*

Almosenpflichtig ist jeder volljährige, gesunde und freie Muslim; der Ertrag der Steuer ist für die Armen und Bedürftigen bestimmt. Die Höhe der Almosensteuer richtet sich nach dem Einkommen. Ausgenommen ist, wer Schulden hat oder nicht genug verdient. Die Almosensteuer hebt den sozialen Aspekt der religiösen Pflicht hervor: Der Wohlhabende soll durch die Almosensteuer die Ärmeren unterstützen, sie soll an andere MuslimInnen ausgezahlt werden. Ein Blick auf die erzieherische Umsetzung zeigt, dass die Kinder zu dieser religiös motivierten sozialen Pflicht angehalten werden.

Saum *Fasten*

Das Einhalten des Fastenmonats Ramadan ist in den Herkunftsländern der MigrantInnen sehr verbreitet. Die Gläubigen verstehen sich dabei als verpflichtet, einen Monat lang von Sonnenaufgang bis Sonnenuntergang nicht zu essen, nicht zu trinken und nicht zu rauchen. Am Abend – zwischen Sonnenuntergang und Sonnenaufgang – kann wieder gegessen werden. Der Ramadan wird nach einem Monat mit dem drei Tage anhaltenden Zuckerfest beendet. Die Fastenzeit liegt im neunten Monat (Ramadan) des islamischen Mondkalenders, weil in diesem Monat die Offenbarung des Korans an den Propheten Mohammed begann. Da MuslimInnen den beweglichen Mondkalender nutzen, verschiebt sich der Fastenmonat jeweils um zehn bis elf Tage. Für viele MuslimInnen besteht ein zentraler Sinn des Fastens darin, dass sich die oder der Gläubige durch Enthaltsamkeit die Bedeutung von Hunger und Durst vergegenwärtigt. Darüber hinaus wird das Fasten immer wieder auch im Sinne eines Tests der Loyalität gegenüber Gott gedeutet.

Bei der religiösen Erziehung wird darauf hingewirkt, dass die Kinder Schritt für Schritt das Fasten einhalten. Eine wichtige Lernmethode ist das Prinzip „Lernen am Modell". Das heißt, die Kinder beobachten ihre Eltern beim Fasten, um sie später schrittweise zu imitieren: Ergün, der Sohn der Familie Karatepe, schildert dies wie folgt:

> „Na ja, ich meine, wie willst du den Kinder das beibringen. Ich faste, meine Frau fastet, meine Eltern fasten. Wenn wir alle gesund sind, machen wir das. Das sehen natürlich die Kinder. Irgendwann sagen sie selber ‚Papa, ich will auch fasten'. Bei Kindern muss man natürlich aufpassen. Unsere Religion sagt, dass sie sehr langsam damit anfangen sollen. Also, zuerst einen Tag, dann einige Tage, vielleicht dann eine Woche. Also, dann immer einige Tage mehr, bis sie durchhalten können."

Spätestens bis zur Pubertät sollen die Kinder gelernt haben, den gesamten Monat fasten zu können. Allerdings kennt das Fasten auch Ausnahmen, wie zum Beispiel Krankheit, Schwangerschaft, Alter oder längere Reisen.

Hadj *Pilgerfahrt*

Entsprechend der Sure 3:97 des Korans sind volljährige MuslimInnen verpflichtet, mindestens einmal in ihrem Leben die Wallfahrt nach Mekka zu verrichten, sofern die finanziellen Möglichkeiten hierzu vorhanden sind. Wer die Wallfahrt erfolgreich abgeschlossen hat, erhält den Ehrentitel *Hadji*. Das Ende der Wallfahrt wird mit dem Opferfest gefeiert.

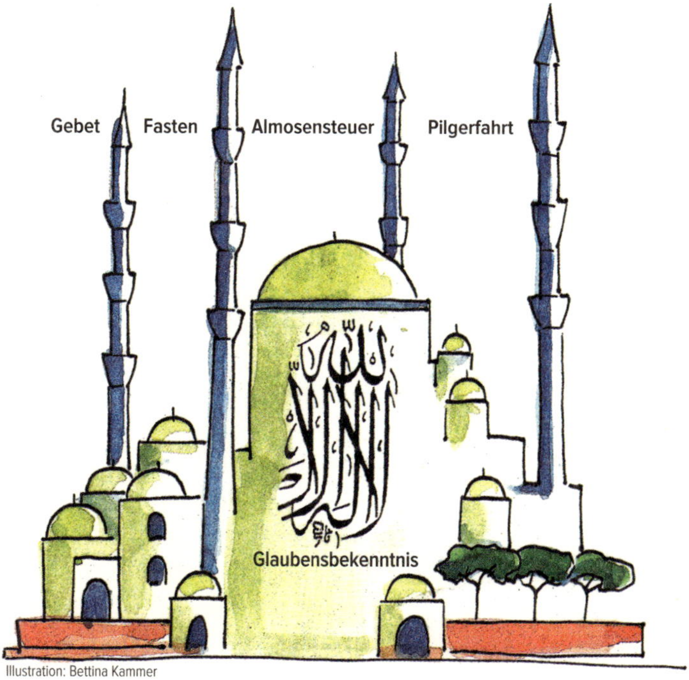

Illustration: Bettina Kammer

Die religiösen Feste

Neben den fünf Säulen des Islam werden die Kinder in religiösen Familien angehalten, die religiösen Feste zu kennen und zu feiern. Neben dem Opferfest ist das Ramadanfest eines der wichtigsten Feste der MuslimInnen. Es wird wahlweise als Ramadanfest, Zuckerfest oder Fastenbrechenfest bezeichnet. Da sich in Deutschland der Begriff Zuckerfest durchgesetzt hat, wird hier dieser Begriff verwendet. Bei diesem Fest wird das Ende einer anstrengenden Fastenzeit mit üppigem Essen und süßen Speisen gefeiert. Am ersten Tag des Zuckerfestes geht die gesamte Familie in die Moschee und feiert gemeinsam. Die folgenden drei Tage widmet man der Familie, den Verwandten und Bekannten. Man besucht sich gegenseitig, macht sich Geschenke und die Kinder bekommen Taschengeld.

Das Opferfest ist das höchste islamische Fest. Mit der Schlachtung eines Tiers gedenken MuslimInnen Ibrahim (Abraham), der in vielen Koranquellen als erster „Gottergebener" bezeichnet wird. Nach der Überlieferung wird Ibrahim von Gott in einer Prüfung seiner Glaubensfestigkeit aufgefordert, einen seiner beiden Söhne zu opfern. Ibrahim will dieser Aufforderung gerade nachkommen, als ein Engel – im Auftrag vom Gott – einen Schafsbock als Opfer anbietet. Ibrahim besteht den Test, und statt seinen Sohn zu opfern, schlachtet er das vom Engel überbrachte Tier. Wie aber wird diese Tradition in den Familien praktiziert?

> „Beim Opferfest sollen Menschen oder Familien, die sich das finanziell leisten können, ein Tier opfern. Es ist auch nicht vorgesehen, dieses Fleisch nur selber zu essen. Laut unserer Religion muss man ein Drittel selber behalten, ein Drittel den

> Verwandten und Nachbarn geben und ein Drittel Bedürftigen geben, die sich kein Fleisch leisten können. Diese guten Dienste müssen unsere Kinder lernen und wissen, warum wir ein Tier opfern." (Gülbahar)

Das Tieropfer hat auch einen karitativen Charakter, denn das Fleisch kommt zu einem großen Teil bedürftigen Menschen zugute. Und da es in Ländern mit einer muslimischen Bevölkerungsmehrheit immer noch viele Menschen gibt, die aufgrund ihrer finanziellen Situation kein Fleisch kaufen können, überweisen viele in Deutschland lebende MuslimInnen zum Anlass des Opferfestes Geld in ihr Herkunftsland damit ein Verwandter ein Tier opfert und an Bedürftige verteilt.

Wie das Zuckerfest wird auch das Opferfest als Familienfest gefeiert und dauert vier Tage. Ergün beklagt, dass die Umsetzung durch die Erwerbstätigkeit der Menschen in Deutschland erschwert wird und die Bedeutung des Festes verloren geht:

> „Wir möchten auch einmal mit Kindern in der Türkei Urlaub machen, wenn Opfer- oder Zuckerfest ist. (...) Ja, damit sie das so richtig mitbekommen. Hier vergessen sie das ziemlich schnell."

Sexualität und Sexualerziehung

In konservativ-autoritären und religiösen Familien wird sexuelle Aufklärung auf den Geschlechtsverkehr reduziert, die körperliche und sexuelle Entwicklung eines Menschen oder Aspekte wie Geschlechtskrankheiten werden weniger beachtet. Insgesamt herrscht die Ansicht vor, die Aufklärung solle über eine gute Freundin/einen guten Freund oder die große

Schwester oder den großen Bruder erfolgen. Aufgrund von Scham und Respekt wird die Aufgabe delegiert. Da es bei Jungen keine Menstruation gibt, wird auch auf deren Thematisierung verzichtet. Die Eltern gehen davon aus, dass die Kinder sich im digitalen Zeitalter über das Internet oder die Medien informieren, was begrüßt wird. Dadurch müssen die Eltern tabuisierte und schambesetzte Themen nicht ansprechen.

In Bezug auf voreheliche Sexualität sind die Eltern streng konservativ, was das weibliche Geschlecht betrifft. Bei den Jungen sind sie nicht einheitlich gegen voreheliche sexuelle Erfahrungen. Als Grund für die strenge Auslegung wird immer wieder das Ansehen des Mädchens in Verbindung mit weiblicher Ehre angeführt. Voreheliche sexuelle Erfahrungen werden bei den Mädchen vehement abgelehnt, weil das Ehrkonzept von ihnen erwartet, dass sie als Jungfrau in die Ehe gehen. Dies muss in bestimmten Milieus sogar anhand eines blutbefleckten Bettlakens nach der Hochzeitsnacht nachgewiesen werden. Da bei den Jungen so ein Ritual nicht existiert und sexuelle Erfahrungen biologisch schwer nachweisbar wären, werden diese bei ihnen geduldet. Die konservativen und religiösen Milieus haben diese Einstellung internalisiert, sie wollen, dass die Töchter sich entsprechend verhalten, und befürworten eine soziale Kontrolle durch die Familie und das soziale Umfeld.

Im Folgenden möchten wir auf ein paar Gründe eingehen, warum Eltern das Thema Sexualität vermeiden: In konservativen Familien wird traditionell nicht über Sexualität geredet. Die Eltern geben im Grunde diese Tradition an ihre Kinder weiter, weil sie selber nicht gelernt haben, angemessen darüber zu reden. Diese elterliche Unsicherheit zeigt sich auch daran, dass die Sexualerziehung auf den Geschlechtsverkehr zwischen Mann und Frau reduziert wird. Vor allem im Biologieunterricht in der Schule erfahren die Kinder, dass Sexualerziehung nicht darin besteht, zu vermitteln wie Mädchen oder Jungen sich beim Geschlechtsakt zu verhalten haben, was in konservativen Milieus allerdings häufig fälschlicherweise angenommen wird.

Die elterliche Unsicherheit zeigt, dass Scham eine zentrale Rolle im Kontext von Sexualität und sexueller Aufklärung spielt. Die Eltern haben selbst nicht gelernt, in geeigneter und angemessener Art und Weise darüber zu sprechen. Wenn Sexualität zum Thema wird, dann ist es ihnen peinlich, weil diese in der Alltagssprache der Familie selten oder gar nicht vorkommt. Intime Anliegen in Anwesenheit von Autoritätspersonen anzusprechen, wird als respektlos empfunden. Thematisieren Kinder in Anwesenheit der Eltern als intim geltende Bereiche, zum Beispiel Sexualität, untergraben sie die Autorität des Vaters beziehungsweise der Mutter.

Ein weiterer Grund für die Tabuisierung der Sexualität innerhalb der Familie ist, dass die Eltern befürchten, die Neugierde ihrer Kinder, insbesondere der Töchter, zu wecken. Dem widersprechen Erkenntnisse aus der Pädagogik und Psychologie, denen zufolge Reglementierungen und Verbote das Interesse der Kinder und Heranwachsenden erst recht wecken. Vor allem wird die Rolle der Medien und Peers unterschätzt, wenn Eltern glauben, dass ihre Töchter durch Tabuisierung oder Reglementierung unwissend bleiben und sich dann für Sexualität nicht interessieren. Allerdings informieren sich Mädchen wie Jungen heute längst über mediale Zugänge früh und umfassend – was der ersten und zweiten Einwanderergeneration schlicht nicht möglich war. In der Regel verheimlichen die Kinder ihr Wissen, um ihre Eltern nicht zu verunsichern.

3.3 Schlussfolgerungen für die pädagogische Praxis

Einschlägige Untersuchungen zeigen, dass die Bedingungen des Heranwachsens bei Jugendlichen, die eine familiäre Migrationsgeschichte mit türkischem oder arabischem Hintergrund aufweisen, in vielen Fällen ungünstiger sind, als die von Jugendlichen ohne derartige Migrationserfahrung. Ausschlaggebendes Indiz bei der Bestimmung von spezifischen Risikofaktoren ist die soziale Lage. Es sind vor allem die sozialen Rahmenbedingungen, die zusammen mit ungünstigeren schulischen und beruflichen Chancen dieser Migrantenkinder (die überwiegend in Kontexten aufwachsen, in denen der Islam eine mehr oder weniger bedeutsame Rolle spielt) eine besonders große Bedeutung für das Auftreten von abweichendem Verhalten haben. In diesem Zusammenhang ist eindeutig festzustellen, dass in der öffentlichen Wahrnehmung von MuslimInnen Jungen eher wahrgenommen werden als Mädchen. Mit Blick auf die diesem Aufsatz zugrundeliegende Studie lässt sich feststellen: Da die Mädchen im Kontext der dargestellten Familien in Bezug auf ihre Freizeit in der Regel stärker reglementiert werden, orientieren sie sich tendenziell nach innen. Das heißt, deren Hauptbezugspersonen sind überwiegend Familienmitglieder, Verwandte und einige den Eltern bekannte Freundinnen. Dies könnte ein Grund dafür sein, dass sie angepasster und unauffälliger erscheinen, weil sie diese eingeschränkten Bedingungen für sich ins Positive ummünzen: In der Schule sind sie beispielsweise erfolgreicher und erwerben öfter das Abitur als Jungen. Da Jungen in der Tendenz intensiver als Mädchen nach außen orientiert sind, fallen sie stärker auf – nicht nur mit ihren Stärken, sondern auch mit ihren Problemen. Je nachdem, wie lange muslimische Familien bereits in Deutschland leben, stellen sich bestimmte Problemlagen sehr unterschiedlich. Deshalb machen wir ganz am Schluss noch auf ein paar Probleme aufmerksam, die beim pädagogischen Umgang mit in jüngerer Zeit nach Deutschland geflüchteten Familien zu beachten sind. Daraus ergeben sich folgende Implikationen für die pädagogische Praxis:

Elternkooperation

Das Hauptaugenmerk ist auf die Elternarbeit zu richten. Ohne die konkrete Unterstützung der Eltern kann wenig erreicht werden, weil konservative und religiöse Migrantenfamilien anders organisiert sind als die meisten in der Bundesrepublik lebenden Familien. Beispielsweise sind Berufs- oder Schulentscheidungen keine individuellen Belange der Kinder, sondern werden in erster Linie von den Eltern vorgegeben. Hier ist es von großer Bedeutung, die Eltern als Kooperationspartner zu gewinnen, ohne ihnen das Bild zu vermitteln, in Erziehungsfragen versagt zu haben.

Ressourcenorientierte Arbeit

In der praktischen Arbeit mit dieser Zielgruppe ist zu empfehlen, ressourcenorientiert zu arbeiten. Das heißt: Nicht die

Schwächen der Zielgruppe in den Vordergrund zu stellen, sondern ihre Stärken. Insbesondere positive Werte wie Solidarität und Loyalität können hier einen Ansatzpunkt bieten, einen gemeinsamen Nenner zu finden. Ferner erscheint es sinnvoll, mit ausgewählten positiven Vorbildern aus den Communities zu arbeiten.

Interkulturelle Kompetenz

Um Jugendliche und ihre Eltern bei konkreten Erziehungsfragen adäquat beraten zu können, sollten die Beratenden hinsichtlich der interreligiösen und interkulturellen Kompetenz umfassend geschult werden. Die zentralen Ziele sollten sein: vorurteilsfrei und wertbewusst mit Familien auf Augenhöhe kommunizieren, wertschätzend in Bezug auf die Religion und/oder Kultur agieren.

Ausbau der Angebote – Ganztagsschule

Die pädagogischen Institutionen sind gerade deshalb von besonderer Bedeutung, weil „benachteiligte" Migrantenfamilien ihren Kindern beim schulischen Lernen und bei der sozialen Etablierung nur wenig helfen können. Sie kennen sich nur schlecht mit dem Schul- und Ausbildungssystem aus, verstehen häufig nicht die pädagogischen Ziele und überschätzen die Funktion der Schule in Deutschland. Das führt dazu, dass die Eltern pädagogische Verantwortung umfassend an Schulen, Lehrkräfte und andere PädagogInnen abtreten, was die Fachkräfte häufig als Desinteresse deuten. Das deutsche Schulsystem ist kaum in der Lage, adäquat auf die Lebensumstände dieser Kinder einzugehen, da es zu stark von einer historisch gewachsenen Normalitätsannahme (deutsche Mittelschichtsfamilie) ausgeht. Entsprechend erreichen Migrantenjugendliche seltener als ihre Altersgenossen höhere Schulabschlüsse, verlassen das Schulsystem deutlich häufiger ohne Abschluss und haben entsprechend größere Probleme beim Übergang von der Schule in den Ausbildungs- und Arbeitsmarkt. Ohne eine systematische Kommunikation und Kooperation zwischen den Institutionen und den Eltern und ohne den Ausbau echter Ganztagsschulen, von denen bildungsbenachteiligte Milieus erwiesenermaßen profitieren, wird dieser „Teufelskreis" vermutlich nicht durchbrochen.

Stärkung der sozialen Kompetenzen

Bei gewalttätigen und gewaltbereiten Jungen fehlen in erster Linie Grundkompetenzen, wie zum Beispiel soziale, kommunikative, kooperative und konfrontative Fähigkeiten. Um diese Kompetenzen zu stärken und andere Konfliktlösungsstrategien zu vermitteln, sollten mit dieser Zielgruppe Soziale-Kompetenz-Trainings durchgeführt werden. Darin wird beispielsweise mit Rollenspielen gearbeitet, um ein gewünschtes Verhalten modellhaft aufzuzeigen und prosoziales Verhalten zu verstärken. So kann empathisches Verstehen etwa durch die Konfrontation mit der Opferperspektive befördert werden.

Etablierung und Ausbau von Integrationskursen

Auch wenn die Kosten dafür als zu hoch angesehen werden können, empfiehlt es sich, die Etablierung der Integrationskurse von Deutschkursen zu trennen. Einerseits würde diese Trennung den Stellenwert der Integration erhöhen. Andererseits werden Integrationsmaßnahmen besser verstanden, wenn die Teilnehmerinnen und Teilnehmer bereits Deutsch gelernt haben, denn der Integrationskurs sollte erst nach dem erfolgreichen Abschluss des Sprachkurses erfolgen. Neben den gängigen Inhalten – die deutsche Gesellschaftsordnung, Demokratieverständnis et cetera – sollten die Integrationskurse folgende Themen behandeln:

Geschlechterrollen und Sexualität:

In fast allen konservativen und bildungsbenachteiligten Familien unter den Geflüchteten ist Sexualität ein absolutes Tabuthema. Die Eltern sind unsicher, wie sie mit ihren Kindern angemessen darüber reden sollen. Die elterliche Unsicherheit zeigt, dass im Kontext von Sexualität Scham eine zentrale Rolle spielt. Wenn Sexualität ein Thema ist, dann ist es peinlich, weil diese in der Alltagssprache der Familie nicht beziehungsweise selten vorkommt. Die Tabuisierung trägt dazu bei, dass sich in erster Linie bei Männern – aber auch bei Frauen – eine verfälschte und überholte Einstellung zur Sexualität und zu den Geschlechterrollen verfestigt. Die Teilnahme an Sport-, Sexual- und Schwimmunterricht hat mit der Besonderheit einer bestimmten Kultur oder Religion nichts zu tun, wie die Studie von Haug aus dem Jahre 2009 feststellt. Demnach erlaubt der Großteil der etablierten muslimischen Eltern ihren Kindern die Teilnahme am Schwimm-, Sexual- und Sportunterricht, obwohl sie gläubige Musliminnen und Muslime sind. Deshalb ist davon auszugehen, dass das Interesse an Sexualität und der Reflexion der Geschlechterrollen auch bei jungen Geflüchteten vorhanden ist, wenn die angemessene Methode angewendet wird.

Reflexion der traditionellen Werte:

Wie die Praxis ebenso wie wissenschaftliche Untersuchungen zeigen, operieren viele etablierte Jugendliche und junge Geflüchtete sehr stark mit traditionellen Männlichkeitsbildern. Dazu gehören zum Beispiel Männlichkeit, Freundschaft oder Ehre. Wenn die Jungen und jungen Männer gefragt werden, welche Bedeutung diese Werte haben, können viele dazu keine eindeutige Stellung beziehen. Die Begriffe werden unreflektiert von den Erwachsenen übernommen, ohne sich mit dem tiefen Sinn auseinandergesetzt zu haben. Damit die Jugendlichen diese Werte reflektieren und hinterfragen lernen, muss eingangs in den Integrationskursen und im Anschluss in der Schule, in Bildungseinrichtungen oder in der Jugendarbeit dieses Thema aufgegriffen werden. Dadurch können PädagogInnen und Jugendliche voneinander lernen und ihre Vorurteile reflektieren, revidieren oder in Frage stellen.

3.4 Literatur

Aladin El-Mafaalani, Ahmet Toprak: Muslimische Kinder und Jugendliche in Deutschland. Lebenswelten, Denkmuster, Herausforderungen, Sankt Augustin, Berlin 2011

Bundeszentrale für gesundheitliche Aufklärung: Sexualität und Migration: Milieuspezifische Zugangswege für die Sexualaufklärung Jugendlicher, Köln 2010

Menekse Cagliyan: Sexuelle Normvorstellungen und Erziehungspraxis von türkischen Eltern der ersten und zweiten Generation in der Türkei und in Deutschland, Münster 2006

Sonja Haug, Stephanie Müssig, Anja Stichs: Muslimisches Leben in Deutschland. Im Auftrag der Deutschen Islamkonferenz, Berlin 2009

Ahmet Toprak: Unsere Ehre ist uns heilig. Muslimische Familien in Deutschland, Freiburg, Basel, Wien 2012

Ilhan Kizilhan: „Ehrenmorde". Der unmögliche Versuch einer Erklärung, Berlin 2006

Klaus Kreiser, Rotraud Wielandt: Lexikon der islamischen Welt. Völlig überarbeitete Neuausgabe. Stuttgart. Berlin, Köln 1992

Annelie Knapp-Potthoff: Interkulturelle Kommunikationsfähigkeit als Lernziel. In: Annelie Knapp-Potthoff, Martina Liedke (Hrsg.): Aspekte interkultureller Kommunikationsfähigkeit, München 1997

Annette Müller: Die sexuelle Sozialisation in der weiblichen Adoleszenz. Mädchen und junge Frauen deutscher und türkischer Herkunft im Vergleich, New York, München und Berlin 2006

Werner Schiffauer: Die Gewalt der Ehre. Erklärungen zu einem türkisch-deutschen Sexualkonflikt, Frankfurt a. M. 2002

Ahmet Toprak: Türkeistämmige Mädchen in Deutschland. Erziehung, Geschlechterrollen Sexualität, Freiburg i. B. 2014

Çiğdem Kağıtçıbaşı: Familie und Sozialisation in der Türkei. In: Nauck, Bernhard/Schönpflug, Ute (Hrsg.): Familien in verschiedenen Kulturen, Stuttgart 1997

Andreas Witzel: Verfahren der qualitativen Sozialforschung. Überblick und Alternativen, Frankfurt 1982

Lale Yalcın-Heckmann: Einige Gedanken zu den drei türkischen Ehrbegriffen namus, seref und onur. In: Ehre und Würde, Hamburg 2000

Anteil der Muslime in europäischen Ländern

pro Land in Millionen und als Anteil an der Gesamtbevölkerung in %

Deutschland	4,76	5,8%
Frankreich	4,7	7,5%
Grossbritannien	2,74	4,4%
Albanien	2,57	80,3%
Italien	2,22	3,7%
Kosovo	1,81	87,0%
Bosnien-Herzegowina	1,70	45,2%
Bulgarien	1,02	13,7%
Niederlande	1,00	6,0%
Spanien	0,98	2,1%
Mazedonien	0,81	39,7%
Belgien	0,63	5,9%
Griechenland	0,61	5,3%
Ukraine	0,56	1,2%
Österreich	0,45	5,4%
Schweden	0,43	4,6%
Schweiz	0,42	5,5%
Serbien	0,33	4,2%
Zypern	0,28	25,3%
Dänemark	0,23	4,1%
Norwegen	0,18	3,7%
Montenegro	0,12	18,7%
Slowenien	0,07	3,6%
Kroatien	0,06	1,4%
Portugal	0,06	0,6%
Irland	0,05	1,1%

Europäische Länder mit einem Bevölkerungsanteil von Muslimen unter 1%: Armenien, Estland, Finnland, Island, Lettland, Litauen, Malta, Moldawien, Monaco, Polen, Rumänien, Slowakei, Tschechien, Ungarn, Weißrussland

The Global Religious Landscape, *Pew Research Center*, USA, Datenerhebung 2010

Religionszugehörigkeiten weltweit

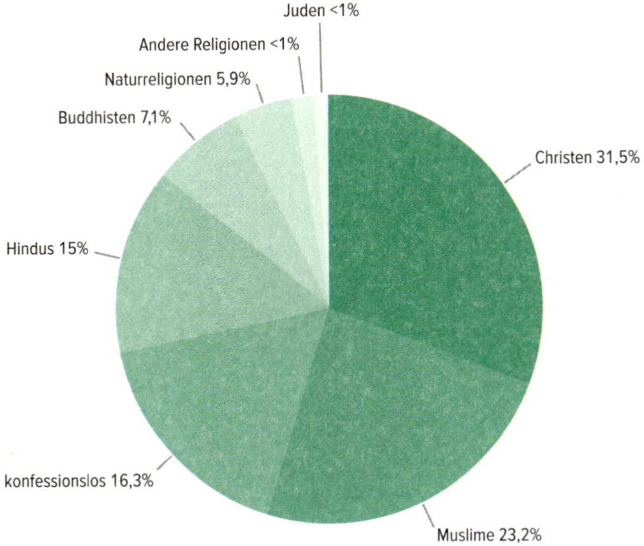

The Global Religious Landscape, *Pew Research Center*, USA, Datenerhebung 2010

Religionszugehörigkeiten in Deutschland

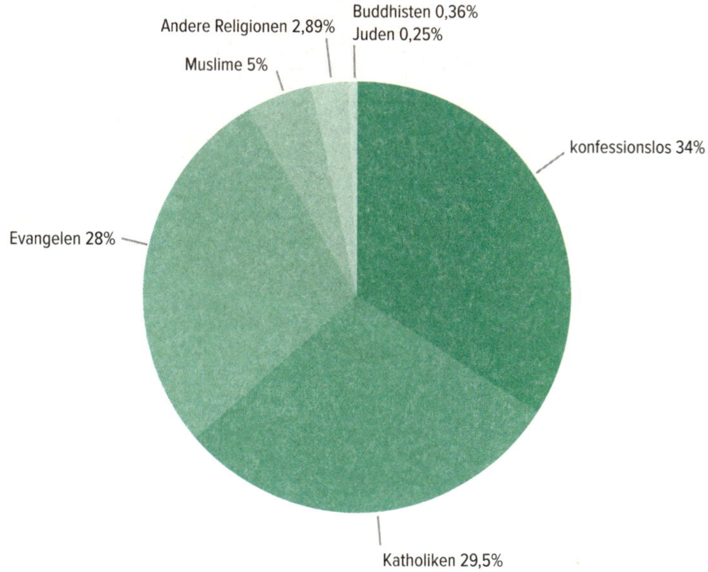

REMID, EKD und Deutsche Bischofskonferenz. Datenerhebung 2014

Die beiden Handbücher ***Lernziel Gleichwertigkeit*** beschreiben, wie Schule ohne Rassismus – Schule mit Courage funktioniert. Sie stellen wichtige Ideologien der Ungleichwertigkeit vor. Und sie geben Antworten auf Fragen: Wie können Ungleichheitsdenken, Mobbing, Rassismus, Flucht & Asyl, Antisemitismus, Sinti- und Romafeindlichkeit, Altersdiskriminierung, Muslimenfeindlichkeit, Salafismus und Genderfragen thematisiert werden? Wie und in welcher Form können Schülerinnen und Schüler die Initiative dazu ergreifen und mitmachen, mitgestalten und mitbestimmen? Neue und bewährte Methoden der Menschenrechtserziehung werden anhand praktischer Beispiele dargestellt und zahlreiche, hilfreiche Materialien vorgestellt. Zudem finden sich zahlreiche Tipps, wie sich die Aktiven schulübergreifend vernetzen können.

Muslime und Muslimfeindlichkeit, Islam und Islamismus, Salafismus und Dschihadismus. Die Schule wird mehr und mehr zu einem Ort, an dem Konflikte ausgetragen werden, die ihren Kern in vermeintlichen oder tatsächlichen islamischen Geboten haben. Das Handbuch ***Islam & Schule*** bietet Hintergrundinformationen und Anregungen für die pädagogische Auseinandersetzung. Beispiele, wie man die Themenfelder mit kunstpädagogischen Maßnahmen verbinden kann, werden dargestellt. Zahlreiche Praxisbeispiele ergänzen die Vorschläge für die Arbeit an den Schulen.

schule-ohne-rassismus.org

Gefördert vom

Bundesministerium
für Familie, Senioren, Frauen
und Jugend

im Rahmen des Bundesprogramms

Demokratie leben!